絶望を生きる哲学

池田晶子の言葉

池田晶子
NPO法人
わたくし、つまり
Nobody編
講談社

絶望を生きる哲学——池田晶子の言葉

目次

不安の正体

人間の品格

社会と現実

他人と自分

肉体と精神

存在の謎

自由の条件

人生の意味

死に方上手

ブックデザイン　鈴木成一デザイン室

絶望を生きる哲学

——池田晶子の言葉

不安の正体

時代が悪いと言うのなら

時代とは何か。ひとりひとりの人間の生きているそこ以外のどこかに、時代という漠とした何かが別にあるわけではない。時代が悪いと言うのなら、あなたが悪いのだ。何もかもすぐにそうして時代のせいにしようとするあなたのそういう考え方が、時代の諸悪のモトなのだ。なぜ自分の孤独を見つめようとしないのか。なぜよそ見ばかりをしているのか。不安に甘えたくて不安に甘えているくせに、なお誰に不安を訴えようとしているのか。

『睥睨するヘーゲル』

思い込みを見抜く

ほとんどの親は、我が子を教育する際に、自ら気づかず自分の欲望や不安を投影している。いい学校へ入りさえすれば人生は安泰である、お金がなければとても生きてはゆかれない、そういう単なる思い込みを、世の全員で子供に押しつけているのである。しかし勝手な思い込みを押しつけられた人生が、どうして幸福であり得るだろう。

もし私が親ならば、何を教育するでもない。そのような世の思い込みをいかにして見抜くか、それだけを教育する。人間は思い込みの動物である。思い込みこそが人間を不自由にする。あらゆる思い込みを見抜き、絶対自由でありなさい。そして、自《おの》ずからなるところの人間になりなさい。それこそが、こんな世の中でも、幸福である人生だ。

『人間自身　考えることに終わりなく』

先が見えないのは当たり前

「先が見えない不安」とは、人々の口癖である。しかし、人生の先が見えないのは、当たり前のことである。そんなのは今に始まったことではない。

人生の価値は、生活の安定や生命の保証にあると思っていると、そのこと自体で、人は萎えてくるように思う。倒産から脳梗塞まで、人生にはいろいろあるのが当たり前だからである。むろん、それはそれで本当に大変なことである。けれども、そんな大変なことどもを、どれだけ萎えずに生き抜くことができたか、それこそが人生の価値なのだ。そう思っていた方が、逆に生き易いような気がする。

『41歳からの哲学』

人生は暇つぶし

しなければならないことなんか本当はないと、人はどこかでわかっている。だから、しなければならないことがあると、思おうとしている。生きなければならないと思うことにして、仕事をし、闘争し、あれこれの苦労をし、それをもって人生だと、こう思うことにしている。いかな苦労でも、何もないよりはマシなのである。何をもってしてでも、人生が暇だということを忘れたい。だから、人生に絶望するということすらも、じつは人生の暇つぶしなのである。

『知ることより考えること』

便利は不便

人は本当に気がついていないのだろうか。次々に出現する最新機器によって、我々の生活はどれほど不便になっているものか。

そもそも、便利さを求めることによって、何を求めているのかが明らかではない。便利になれば時間が節約される。しかし、その節約された時間を何に使うかというと、やっぱりその仕事をするために使うわけである。ゆえに、便利になることによって、仕事はより忙しくなっているはずである。

なければないですんでいたものが、なければすまなくなるのだから、便利とは不便なものだ。今さらどうしようもないけれど、何のための便利さなのかを、各々考えてみるのもいいだろう。人生の時間は有限なのである。

『知ることより考えること』

情報化社会の空虚な孤独

ネット通信というのは、「人とつながりたい」という欲望によるという。この「人とつながりたい」という欲望とは如何なる欲望なのか、それが不可解なのだ。人の言う「淋しい」という感覚が、どうも私には欠けているようなのである。孤独ということなら、私は自分の孤独に満ち足りているので、少しも不足を覚えない。孤独が充実しているからこそ、言葉も充溢《じゅういつ》してくるわけで、空虚な孤独が空虚な言葉でつながって、果たしてつながったことになるのかと疑う。他人を求めるより自分を索《もと》めるほうが、順序としては先のはずだ。

『考える日々　全編』

私の人生を占って

人生の先のことはわからない。わからないことを不安だと人は感じる。それで人は、先のことがわかるという人に、先のことを占ってもらうことを求める。ところで、ここで気をつけてみたい。そのように言われるのは、すべて言葉によっている。言葉で語るということは、言葉で語らなければ何事でもないことを、何事かであるかのように語ることである。言葉で語るというまさにそのことによって、そのことはそのことになるのである。ここに占いのトリックがある。人は、物語がほしいのである。物語がなければ、人生は何事でもないからである。

思うに、人生に物語を求めるとは、人生は何事でもないという自由に耐えられないからである。人は、言葉によって規定されたい、縛られていたい。人間は言語のマゾヒストなのである。

『勝っても負けても』

わからないという経験

考えてもみたい。言葉を読んでわからないと感じるというこの経験は、じつはとても貴重な経験、貴重な瞬間なのではなかろうか。我々、言葉を読んで何かをわかるという経験に慣れすぎている。世の中、読んでわかる言葉だらけである。わからない言葉にぶつかって立ち止まる瞬間、人は、これまで考えたことのなかったことを考え始める入口に立っているかもしれないのである。

『勝っても負けても』

「救い」とは何なのか

救いというのは、ありのままの事実を認めることであるというのは、どこかの説教で聞いたような気もするが、じっさい、「救い」という語で何がしか御利益のようなものを求める心性に対して、これは厳しく本当である。人生の諸事、誰にも困難はあるけれども、困難を事実とまず認めるのでなければ、困難はいつまでも困難のままである。

困難を事実と認めてしまえば、あとは努力するしかないのだから、この努力することそれ自体が、困難からの救いといえば、まあ救いなのである。やっぱりすごく当たり前なのだが。

『残酷人生論』

悩むことを楽しむ

未来への不安、もしくは過去への後悔、いずれも時間認識の勘違いです。だって、未来や過去を悩んだり苦しんだりしているのは、まさしくこの現在ではないですか。

あ、なあんだ。

と、気がつけば、錯覚としての悩みや苦しみは脱落します。むろん、悩みや苦しみのタネは変わらずに存在していますよね。仕事上の悩みが存在すれば、病いの苦しみだって存在する。しかし、それらを言わば受け身で悩み苦しんでいるということではなくて、妙な言い方ですが、悩むことを楽しむとか、苦しむことを喜ぶとか、そんなふうに変えられるようです。要するに、楽しみや喜びというのは、どこか外にあるものではなくて、自分の側の心の構えのことだということです。

『人生は愉快だ』

幸福のパラドクス

自由であろうとして捉われる。幸福であろうとして不幸である。

幸福とは何がしか形なきものであるはずだと予感しながら、形なきものを形なきままにさせおくことができず、何がしか形あるものとして捉えては、捉われる。たとえば、形なきものであるはずの「愛情」を求めようとして、人は、「結婚」や「家庭」という形を求める。あるいは、形などあるはずもない「自由」を求めようとして、人は、「自立」もしくは「自己実現」という形を求める。

求められるこれらの形は、すべて観念と化した幸福である。人は、観念と化した幸福に捉えられ、追い求め、得られないことの不幸を嘆く。しかし、本来目に見えず手にも触れないところのものが、その手に得られないのは、あるいは当然のことかもしれないのである。

『あたりまえなことばかり』

現在という絶対原点

存在するのは現在だけであることを忘れるから、「中断」を憂い、「別離」を嘆くことになる。しかし、「不幸」とは、じつはそれらの事態そのものではなく、それらを不幸と「思う」そのことなのだ。死ぬことが不幸なのではなく、死とは何かが知られていないことが不幸なのだ。

現在しか生きることはできないと知ったなら、現在において、為すべきことを為し、現在において、愛せるだけ愛する。われわれの「幸福」は、十分すぎるほどここに尽きていると私は思う。

『考える日々　全編』

人間の品格

人を信頼できないのは

そうは言っても、しょせんは人間ですからねえ。

こういう言い方が、私は死ぬほど嫌いである。「しょせん人間」という言い方をするその人が、「しょせんその程度の」人間であるというだけであって、すべての人間がその程度の人間であるというわけではない。そういう言い方を好んでする人は、「汝らは汝らの量る秤《はかり》で量られるであろう」という聖書の至言を、よく嚙みしめてみるように。

人を信頼できない人は、他でもない、その人自身が信頼できない人なのである。自分自身が信頼できない人間であることを知っているから、その人は他人も信頼できないのである。決して、他人のせいではない。

『考える日々　全編』

勝っても負ける生き方

「勝った」「負けた」と大騒ぎし、カネや出世や名声を求める。そんなのはしょせん、他人との比較でしか自分の幸せを測れない人のやることだ。言いたくはないが、人にはそれぞれ品格がある。人間には上品《じょうぼん》と下品《げぼん》の二種類がある。自分の欲に振り回されてアタフタと生きる人を下品という。足るを知り、心安らかに暮らす人を上品という。

内的な幸福を得ずして外的な勝ちを得る。そんな勝ちはすなわち負けである。時代や社会がいかに変わろうが、物事を深く考える人はいつも考えているし、自ら考えない人は他人の価値観に振り回される。自分の人生を生きていないのだ。

『私とは何か』

大変な格差社会

人間は人間であることにおいてことごとく平等であるなど、意味不明なことを言ったのは誰なのだ。そういう不明なことを言うから、社会的平等が人間の平等だと、いいように勘違いする人間が現われる。欲望を権利と、嫉妬を正義と、主張して憚《はばか》らない賤しい品性が跋扈《ばっこ》するようになるのである。

しかし、そのような品性であるというまさにそのことにおいて、人間は不平等なのである。上品《じょうぼん》、下品《げぼん》の格差は明らかと言える。なるほど職業に貴賤は存在しないが、人間には明らかに貴賤が存在する。金の多寡など僅差であるが、品格の差は雲泥である。あの人は下品階級の人だ。うんと差別的に人を見るようにしたい。

『知ることより考えること』

生きるために食べている

近い将来、人類史上初のクローン人間がこの地上に出現するのだろう。畸形《きけい》的生命科学は、件《くだん》のビジネス競争と手を結び、クローンがクローンを呼ぶだろう。もはや「生身の一生」「自分の人生」とは、何のことを言うのかよくわからなくなる。「われわれは何をしているのか」。あるいは、「本当は」何がしたいのか。

「快適な生」すなわち「快適な生存」のみを求めて、なにゆえの快適な生存なのか、生の目的を問わなかったからである。ソクラテスという人は、有史以来の人類のこの大錯誤、最初のボタンの致命的掛け違えを、より簡潔にこう言った。

「皆は食べるために生きているが、僕は生きるために食べている」

『考える日々　全編』

個人の意見は必要ない

自分の体験から語ろう、体験としての思想をもとうなどというのこそ、戦後民主主義の寝言なのである。体験からしか言えない人は、体験が逆ならば、逆の意見を言うだろう。だから個人の意見などいくら集めてもしょうがないのだ。なるほど、個人の体験が、普遍的な思想に昇華する場合も確かにある。しかしその場合は、そのような自覚的な努力が、必ず為されているはずである。個人を離れ、立場を離れ、誰にでも通用する考えを見出そうと努力する、そうでなければ、立場の違いで戦争するのと、結局同じことではなかろうか。

『知ることより考えること』

大統領は正義の人だ

あのアメリカの大統領は、どこまでも自分が正しいと思っている。「正しい」すなわち「正義」である。「正義の実現のために」と、臆面もなく口にする。そして、こう続けるのである。「――武力行使も辞さない」と。自分たちの正義は、誰にとっても正義なのだと思い込んでいるから、それを人に強制するという、あの所行に出るのである。

これだからものを考えない人間は困ると、考える、内省する習慣をもつ人間なら思う。自ら語る言葉に騙され、操られている指導者の姿を、空疎なものとして眺める。正しさは、経験に出会うそのつど、自らのうちで、静かに計られ、納得されるものでしかあり得ないからだ。

『勝っても負けても』

本当と嘘

現実的な力が現実的な力たり得るのは、そこに言葉の力が働いているからに他ならない。しかし、「言葉の力」と言って、これを行使する人の真贋により、当然のこと、本当と嘘がある。

その意味で、民主主義という政体は、高度に言語的な自覚があるのでなければ、維持され得ないはずである。この為政者は、どこまで自覚的に言葉を使用しているか、それを見抜き批判するためには、高度に言語的な自覚が必要である。議論するとは、言葉の正しい使用に基き、共に正しく考えてゆくことである。議論を打ち切るために捨てゼリフを吐くような政治家は、民主主義政体の代表として、ふさわしいかどうか。

『勝っても負けても』

奴隷か自由か

官僚や、それに類する人々が、金が欲しくてズルをしたと言って、世の人々が怒っている。なんで怒るのか、私には理解できない。

権力を自由に使って、自由に振る舞えることを自由というなら、それなら、なんで彼らは金に目が眩《くら》んだりするのだろうか。目が眩むとは、文字通り、目が眩んで自分の自由を奪われるということではないか、そうではないか。不自由きわまるそんな奴隷的状態のことを、特権的エリートの特権的自由だと、人は羨《うらや》んだり、腹を立てたりしているのだから、世の中はたいそう変である。

奴隷になるために官僚になる人もいれば、自由であるゆえに斃死《へいし》する人もいる。いくら哲学が真実を説いたところで、最終的には、人は自分の望むようにしか生きられないのである。これも、真実。

『考える日々　全編』

名を惜しむ

自分を知ろうと本気で考え始めたら、自分というのは本当に「ない」ということを、必ず発見するはずである。顕示しようにも自分が「ない」のだから、内容のある人に自己顕示など起こりようがない道理である。

名前だけで中身がないものを指して「有名無実」と言う。現代の「有名病」がまさにそれである。知られたいという思いだけがいきなりあって、肝心の中身が何もない。名前が完全に記号と化した結果だが、これでは「名前」に気の毒である。

「名のある」「名の通った」とは、本来は、内実の伴うひとつの達成を言ったはずだ。その名をその名にするために、自らの仕事に人知れない精進を重ねた。だからこそその人は、自らの仕事としての自らの名前に、強い矜持を所有する。「名を惜しむ」とはそのことではなかったろうか。

『知ることより考えること』

無駄な人になりたいか

私が無駄口がイヤなのは、言葉が無駄にされるのがイヤだからでもあります。言葉って、本当に大事なものですよ。だって、無駄口をきく人は気づかないけど、無駄口をきく人は必ず無駄な人になってますもんね。

あの人はああいう人なんだ、無駄口をきかない人なんだと、思わせてしまうが勝ちです。そうして、無駄口はきかないけど、本質的なことだけを、時々チラッと口にする。そういう態度で自然にいれば、やがて人々は、あなたの「一言」を待ち受けるようになりますよ。これ私の体験的学習。

『人生は愉快だ』

社会と現実

人生にとって大事なもの

「お金は人生にとって大事なものなのに、学校では教えてくれない」という親の言を読んだことがある。完全に逆である。人生にとって大事なものはお金ではないと教えることこそが教育、基本中の基本である。
生活のための教育しか受けていない人間が、生活のための人生しか送れないのは道理である。しかし、生活すなわち生存のための人生とは、人間に限らない、動物のそれに同じである。すると、我々は、何のために人間をやっているのだろうか。

『人間自身　考えることに終わりなく』

損か得かの問題なのか

少子化が問題になっている。これからの高齢化社会をどう支えるのだという文脈においてである。子供を作るの作らないの、まるで先行投資の損か得かみたいに議論したり計算したりしているが、作られて生まれてくる子供とは、言うまでもないが、ひとりの人間である。人格である。前の世代の損得勘定のために存在しているわけではない。さらには、生まれた子供は自分ではない。他人である。他人の人生を気の毒がるのは、失礼であるか、むしろ傲慢である。

そもそも少子化とは、誰にとっての問題なのか。産むか産まないかは、完全に個人の問題であって、社会問題になること自体がおかしいのである。人間を馬鹿にしているのである。ましてや、将来生まれてくる人、その当人にとって、少子化問題がどうして問題であるはずがあろうか。

『41歳からの哲学』

生きた者勝ちの社会

死をもって抗議するということは、その善し悪しは別にして、人間にだけ可能な行為である。誇りのために死ぬ。正義のために死ぬ。人間には命よりも大事なものがあると思うから、この行為は成立するのである。受ける側も、その意味を理解する。命を賭けた行為だなと。しかし戦後教育は、命よりも大事なものはないと教えてきた。つまり、どのようであれ、生き延びればよいのだと。

人間には命より大事なものがあるということを理解しない社会が、生きた者勝ちのまさにこの社会である。抗議の自殺が成立しない。無視されるか笑われるだけである。精神というものを忘れ果て、ただ生き延びようとする者ばかりのこんな社会で、死にたくならない方がおかしいではないか。

『人間自身　考えることに終わりなく』

何かのために死ねるのか

先の戦争では、大勢の人が国のためという目的を本当だと思って死んだ。しかし、そんなのは本当ではなかったということは、気の毒だけれども、明らかである。そもそも「国」というものが、人間の観念、すなわち思い込みが作り上げている幻想だからではない。何かの「ために」死ぬ、すなわち死に目的を求めるということ自体が、これはもう人間の性《さが》と言っていい、恐ろしく強力な思い込みだからである。

彼は国のために死んだ、というのは、他人が勝手に言うことであって、本人がそれを言うことはできない。死ぬ時、本人はいないからである。人は、自身の死については決して言及することができないからこそ、人は自身の死について、飽くなき意味づけを行なうのである。

『41歳からの哲学』

自己責任という無責任

さんざん聞くのが、「責任をとって辞めます」。しかし、本当に責任をとるのなら、責任をとって、続けるべきではないのか。逃げることは責任をとることの正反対である。要するに、誰も責任などとりたくないのである。自分で自分の責任をとって生きるのなどイヤなのである。だから他人に責任を要求する。自己責任をとらない人ほど、自己責任を要求する。しかし、そんなことは、やっぱり不可能なのである。他人にそれを要求したところで、生きるのは自分でしかないからである。「責任」とは、「生きる」ということ以外の何であるか。

『41歳からの哲学』

絶叫首相とその時代

我々は政治家に、私的信念の表明など求めてはいないのである。しかし、自らの判断を停止し、世のあれこれを政治家にどうにかしてもらいたいと思っている人々は、その手の私的信念を強い言葉で表明する政治家を、「強いリーダー」と思ってしまう。

私は、政治家がスローガンを絶叫する時代は、よくない時代だと思う。政治家の本来は、複雑な利害関係の調整以外ではないのだから、スローガンの絶叫により切り捨てられるものが、多々あるに違いない。そのことに思いを致さず、当面のわかりやすいスローガンについて行くなら、遠からず破綻するのではなかろうか。私は、「哲学的には」、「個人の意見」を無意味と見なすが、政治的には、様々な個人の意見があって然るべきだと思っている。

『知ることより考えること』

憲法はポエジーである

憲法の前文など、読むほどに深く安心させられる。お経のようなものである。あのような崇高でありがたいものが存在しているということは、よいことだ。それが現実に即さないからといって、それを現実に即して変えることの理由にはならない。お経が現実的でないといって、人はそれを変えようとするものだろうか。

我々は、ポエジーを解さなければならない。憲法はポエジーに溢れている。第一章第一条こそが、憲法の象徴である。ポエムへの信頼は、言語への信頼である。言語への信頼は、言うまでもなく、人間精神への信頼である。そして、精神は、各々が自ら鍛えなければならないものなのだから、憲法論争にかまけているヒマなど、本当はないはずなのである。

『勝っても負けても』

ないものは愛せない

「我が国と郷土を愛する態度」を、子供に教えるということだそうだ。

国家とは近代以降の人間の「頭の中に」作られた人工的な観念であり、現実のどこにも存在しないものである。存在もしないものを、どうやって愛することができるだろうか。国を愛するとは何を愛することなのかと子供に問われたら、どう答えるつもりなのだろうか。やはり、この国語とこの土地とを愛せよと教える以外はないはずである。まさしくそれが、この島国の歴史なのである。「民族」や「国家」が曖昧なままで、十分、歴史として過不足はなかったのである。なぜ今さら、国家と郷土とを分離するのだろうか。西欧諸国の真似をして、不慣れな国家の観念など振り回すとどういうことになるか、よくわかっているではないか。

いま一度問いたい。日本人にとって、「国家」とは何か。

『知ることより考えること』

己の精神を革命せよ

人はよく、他人や社会を責めて糺《ただ》そうとするけれども、他人や社会を責めて糺そうとするほど自分は正しいのか、というふうにはけっして考えない。自分が変わらずに、他人や社会の側に変われというのだから、そんなの無理である。しかし、およそ「革命」という言葉が意味をもつとしたなら、そのような全一的意味でなければ無意味であろう。私が、いかなる形態であれ、社会革命、すなわち何らかの社会システムを変革することによって革命と思い為すことを、信用しないゆえんである。人間が、己れの精神性を自覚し、それを真善美の方向へ向けて各自で変革する以外に、この世に革命なんぞ、絶対にあり得ないのである。

『考える日々　全編』

理想と現実

正しい仕方で理想をもつということは、とても難しいことだ。それが目に見えるものとして、実際に実現するかどうかということの方に、どうしても人は捉われてしまう。そして、理想というものは、見える現実を動かす見えない力として刻々として働いている、まさにそのことによって現実なんだという事実を忘れてしまうんだ。

なるほど、見える現実には、戦争や貧困や不平等がたくさんある。理想をもつ君は、それを変えたいと思い、自分の力がとても及ばないことを思い知り、挫折感を抱くかもしれない。でも、決してそんなことはないんだ。理想と現実とは別物ではないのだから、君が理想をもっている、それを失うことなくもち続けているというそのことだけで、それは十分に現実的な力として、この世界の根底で確実に働き続けているんだ。

『14歳からの哲学』

他人と自分

好かれていたい

なぜ人は、自分を好く人が好きで、嫌う人が嫌いなのか。自分のことを良く言う人のことを悪く言わず、悪く言う人のことを良く言わないのか。自分というものを、他人に認められることで認めるという、迂回路を経ているようである。しかし、自分が自分であるということと、他人に好かれるか嫌われるかということは、全然関係ないのではなかろうか。

この人の世では、人は人に好かれたいと必ず思い、人に嫌われたくないと、必ず思っている。好かれたくて嫌われたくないのが、人の世の原理なのである。やはりこれは凄いことではなかろうか。他人にどう思われるかが、自分の行為の基準なのである。じつに多くの人が、そうやって人生を生きてゆくのである。端的に、これが社会というものである。本当に驚くべきことだと私は思う。

『人間自身　考えることに終わりなく』

自分を不自由にしているのは

「社会」とは、別の言い方をすれば、「他人の集まり」だ。他人は他人だ。自分じゃない。なぜ人は、他人の言うこと、他人のすることを気にするのだろう。生きているのは自分であって、自分は完全に自由なのだということを思い出してみよう。他人の言うこと、他人のすることを気にすることで、自分を不自由にしているのは、自分でしかない。なのに、自分が不自由なのはその他人のせいだと勘違いして、他人を責めることになってはいないか。

『14歳の君へ』

他人の欠点を責める前に

他人を批判するのは簡単である。他人の欠点や失敗を、指摘して責めればいいだけである。しかし、これもまた人心の真実なのだが、人が他人の欠点や失敗を指摘して責めることができるのは、その同じ欠点や失敗が自分にもある場合に限られるということである。その同じものが自分にあるのでなければ、他人のそれに気がつくことすら不可能のはずだからである。人は常に自分の目によって他人を見ている。これは当たり前のことのようだが、この当たり前に気がつくと、世界は一変するはずである。つまり、その他人がそうなのではなくて、その他人をそう見る自分の目がそうなのだ。他人とは、すなわち自分なのだ。

『私とは何か』

悪いものは悪い

みんなが悪いことをしているからといって、自分が悪いことをしていい理由にはならないという当たり前が、いよいよわからなくなっている。わからないのは、わかりたくないからである。しかし、みんながしているからといって、悪いことが善いことになる道理があるわけないではないか。

発覚しなければ悪いことは悪いことではないと思っているのも同じ理屈である。善いこと悪いことは、他人すなわち社会のルールにあるもので、自分の中にあるのではないと思っているのだ。しかし、自分の中にあるのでなければ、善悪なんてものがどこにある。

『知ることより考えること』

個性の逆説

人が自分の個性を知るのは、これは完全に逆説になる、自分というものが「ない」と知ることによってである。自分というものが「ない」と知ることによってこそ、人は個性的な人になる。こうとしかできない自分を知る。ではどうすればいいのかと問われれば、これは一言、「一度死ね」

死なないことには、生きられない。自分なんてものが「ある」と思っているから、人はいつまでもそんなものを探すことになる。しかし、そんなものは「ない」、死んで「ない」と思うなら、探し回る道理もなくなる。いまここに居ることが全てなのだと知るはずだ。

『知ることより考えること』

プライドと嫉妬

自尊心を持つ、ということと、プライドがあるということは、間違いやすい。誰も自分が大事で、プライドがあると思っているけど、それなら他人に侮辱されても腹は立たないはずだよね。なぜなら、自分で自分の価値を知っているなら、他人の評価なんか気にならないはずだから。

嫉妬という感情も同じ理屈だ。他人が自分よりも優れているように思えて、ヤキモチを妬《や》く。あるいは、好意を寄せている人が別の人に好意を寄せていることを妬く。でも、自分にとっては自分こそが一番なんだと知っているなら、こんな感情はあり得ないはずだよね。人は、自分を愛しているから嫉妬するんじゃなくて、愛していないから嫉妬するんだ。面白いもんだね。

『14歳からの哲学』

正義と嫉妬の倫理学

人というのはじつによく嫉妬をするものだ。誰か他人の幸福を妬んでは、飽きずに腹を立てている。ところが、人間ての《は》面白いよねぇ。この嫉妬という感情、恥ずべきものだということが、誰もがちゃんと、わかっている。なぜなら、それを、隠そうとする。他人に対しても、自分に対しても、それがないかの如く振舞おうとする。しかし、その恥ずべき感情を自分が抱いているということは、自分にはあまりに明らかだ。人はそれを隠しきれない、出してしまいたくなる。しかし、出すのは恥ずかしい。そこで人は、それを擬装して出す。その名が、「正義」だ。あるいは、「倫理」だ。正義と倫理が、嫉妬の別名なのだ。

『無敵のソクラテス』

不用な感情

思うに感情とは、意識の滑らかな水面に投じられた一塊の石ころによる暫時の泡立ち、もしくは波立ち。あるいは静謐《せいひつ》な部屋、右のドアから乱入してきて左の窓から飛んで去った一羽の騒々しい鳥。煩雑なもの猥雑なものという気が、どうしても私はする。この世に感情というものが存在しなければ、人生はいかに清潔なものだろうと思う。

ソクラテス。人に罵《のの》しられても全然へっちゃらで、こう言った。「ロバに蹴《いなな》かれて腹を立てる者があるかね」

矜持と自己愛とは似て非なるもの。感情に煩されないためには、矜持さえ堅持していれば足りるようだ。さあ生活を整頓しよう、不用な感情をこの世から駆逐しよう！

『魂とは何か』

孤独の妙味

ひとりで本を読むという時間の、なんと豊かで賑やかなこと、ひとりで、孤独であるからこそ、書物の中の人物や、それを著わした人物たちと、時空を超え自在に交流することができるのですから。これはまったく、孤独な精神にのみ与えられる一種の恩寵だと言うことができます。

あるいは、お酒を飲むという時間も、同質のものだと私は感じています。なるほど、気の合う人と飲む酒は、むろん楽しく高揚するものですが、ひとりで飲むというのも、じつにいいものだ。飲みながら味わう自分の面白さったら、それはほとんど「自分」というものの枠を突破しているのを感じる。

『死とは何か』

目を見て話せ

我々には、相手の顔が見えないと言えない言葉というのがあるのである。相手の顔を見、目を見つめ、一語一語を伝えたい、問い返されれば答えたい、そういう言葉があるのである。それは言うまでもなく、大事な言葉である。自分にとっては譲れない、したがって相手にもそう聞かれたい、そういう覚悟の言葉である。そういう覚悟の言葉が、電話やましてやメールでは伝わらないのは、やはりそこで覚悟を示す気がないからであろう。電話やメールは、言葉から覚悟性を奪う元凶なのである。

我々はこれから、顔が見えないと言えない言葉だけを言うように心がけてはどうだろう。それは、我々の対話《ダイアローグ》の可能性を開くはずだ。

『勝っても負けても』

肉体と精神

何のための健康か

健康に生きることは権利だ。しかし、その「生きる」とはそもどういうことであるのかを、あなたは考えたことがありますか。たばこを喫《の》まず、酒も飲まず、野菜ばかり食べてジムへ通う。そういうツルンとした人々の姿が浮かぶ。彼らはそれを「ナチュラルライフ」と呼ぶ。すなわち自然的人生であると。なるほど、けっこう。で、何のための人生なのですか。健康に生きるために健康に生きる、その健康な人生は何のためのものなのですか。「生きているから生きている」、そう言えるようになった時、人は本当に健康になるのではなかろうか。

『勝っても負けても』

病気というチャンス

テレビを見ても、街を歩いても、そこにいるのはことごとく「健康な人」である。病気の人は、そこにはいない。当然である。そもそも出て来られないのだから、そこにはいないわけである。そこにいない人は、「いない人」である。効率第一の現代社会において、病人とは、言ってみれば、死人に近い。

働き盛りの仕事人が、病に倒れて絶望するのも、病そのものの苦しみよりも、この落伍《らくご》感、焦燥感によるほうが、大きいのではなかろうか。

しかし私は思うのだが、病気だろうが健康だろうが、それを生きるのはやはり自分である。落伍感も焦燥感も、他人との比較におけるそれにすぎない。そのことに気づけるなら、病気こそが、自分に還るための稀《け》有《う》のチャンスではなかろうか。絶望する理由が那辺《なへん》にあるか。

『考える日々　全編』

患者の心得

患者は医者に尋ねるという。「治るでしょうか？」

そんなこと、医者にわかるわけがない。医者だって人間である。科学は絶対ではない。科学は経験を拠り所とした、どこまでも仮説である。やってみて、治るものは治るし、治らないものは治らない。この同語反復は、人生の常態ではなかろうか。なのに、きょうび、人生の不変を信じた患者は、治らなかったと医者を訴える。私は医者に同情する。わざわざ悪くしようと思っている医者はいない。治るかどうかわからないがやってみようと、冒険する医者がいなくなるのは目に見えている。

「やってみなければわからない」。私なら、そう言う医者を信頼する。それが言える医者は、それを言える患者を、待っているのではなかろうか。


『知ることより考えること』

逆転の人生を生きる

歩きたくても歩けない、去年できたことが今年はできないとは、多くは恐怖か絶望であろう。しかし、生きるという経験が初めてのわれわれには、老いるということもまた初めての経験である。これはいったいどんな新しい経験なのか、驚きとともにそれを味わうということが、なおわれわれには可能である。人生を思索するのではなく、人生が思索と化すと私は書いたが、これをさらに言えば、私が人生を生きているのではなく、何かがこの人生を、とりあえず私という名で呼んでいるこの人生を生きているということになる。このような、普通には逆転した構えで生きることは、われわれから恐怖や絶望を、少なからず取り除いてくれるのではなかろうか。

『新・考えるヒント』

アンチエイジングでサルになる

「ピンピンコロリ」が、アンチエイジングに励む人々の合言葉なのだそうだ。ピンピン元気に遊んで生きて、突然コロリと死にたいものだと。

私は、このようなものの考え方に、何となく浅ましいものを感じる。どうせ死んでしまうのだから、死ぬ前に、楽しみたい。楽しむだけ楽しんだら、人生に用はない。だとしたら、サルである。死の何であるかを考えることもなく、ひたすら快楽を追求するための動物的生存である。

人間が動物と異なるのは、生死の何であるかを考える機能、すなわち精神を所有しているところにある。精神は、誰もが等しくそれを所有して生まれてきたはずのものである。なのに、ほとんど使用されることもなく、どころかその存在すら知られることもなく終了される人生とは、いったい何か。


『41歳からの哲学』

悲しき肉体

肉体は悲しいなあ、なんで肉体なんて厄介なものを我々は所有して存在したのだろうと、私はよく考える。非物質としての精神が、なぜ物質、肉体に宿る必要があったのか。

肉体は快楽の源泉である。だから人はそれを失うことを怖れるのである。しかし、肉体が快楽の源泉であるということは、裏返し、肉体は苦痛の源泉である。年齢を重ねるほどに、苦痛の割合は多くなる。けれども、よく考えると、その苦痛も、苦痛と見るから苦痛なのであろう。なんだかわからないけれども存在した宇宙の、これもやっぱり余興のひとつだと見てみれば、苦楽もまた同一物の裏表と見えてきましょう。なんで我々の人生がこうなのだかは、人智では、とてもとても計り知れない謎なのでございますよ。

『勝っても負けても』

精神と肉体の不思議

ひょっとして、人間は例外なく、生きるのに不向きなのではないか。不向きだから、死ぬのではないか。

これは、どういうことか。精神と肉体という在り方の異なるふたつのものが、なぜだかひとつになって人間である。ここに、どうしても無理があると思われる。

肉体がなければ、人は死なないのではないか

右、当たり前のことを言っていると思いますか。これを変換してみましょう。

精神だけなら、人は死なないのではないか

『残酷人生論』

最後の自然

生きていることが自然なら、死ぬことだって自然なんだ。生命つまり生死の不思議は、人間の意志なんかはるかに超えているんだ。だけどこのことを忘れた人間は、意志で自然を支配しよう、支配できると思い始める。地球上に残された最後の自然としての人間の体、つまり生命が、科学技術によりどんなふうに変えられてゆくか、君も知っているだろう。

むろん命は大事なものだ。だけど命が大事なものなのは、死ぬということがあるからだ。人間は必ず死ぬものだからこそ、生きていることが大事なことになるんだ。死ぬということがなくて、いつまでも生きている命、いくらでも作り出せるような命が、どうして大事なものであり得るだろう。

『14歳の君へ』

存在の謎

自分は、どこにもない

「自分」というのは、名前でなければ、身分でもない。体でなければ、心でもない。ないないづくしで、どこにもない。それが「自分」というものだけど、だからといって、自分など「ない」というのでもない。なぜって、自分など「ない」と言っているその自分が、まさにそこに「ある」からだ。ないけれどもある、あるけれどもない、それが「自分」というものの正体、その存在の仕方の不思議さなんだ。何を「自分」と思うかで、その人の自分は決まっているというのも、この意味だ。

『14歳からの哲学』

自分の命は誰のものか

普通は人は、自分は自分だ、自分の命は自分のものだと思っている。だから、自分の生きたいように生きてなぜ悪いという理屈になる。自分の命は自分のものだ。本当にそうだろうか。誰が自分で命を創ったか。両親ではない。両親の命は誰が創ったか。命は誰が創ったのか。よく考えると、命というものは、自分のものではないどころか、誰が創ったのかもわからない、おそろしく不思議なものである。言わば、自分が人生を生きているのではなく、その何かがこの自分を生きているといったものである。ひょっとしたら、自分というのは、単に生まれてから死ぬまでのことではないのかもしれない。

こういった感覚、この不思議の感覚に気づかせる以外に、子供に善悪を教えることは不可能である。

『41歳からの哲学』

なぜ「ない」ものが怖いのか

生死の不思議とは、実は、「ある」と「ない」の不思議なんだ。人は、「死」という言い方で、「無」ということを言いたいんだ。でも、これは本当におかしなことなんだ。「無」ということは、「ない」ということだね。「無」とは、「ない」ということだね。無は、ないから、無なんだね。それなら、死は、「ある」のだろうか。「ない」が、「ある」のだろうか。死は、どこに、あるのだろうか。死とはいったい何なのだろうか。

君は、たぶん、死ぬのを怖いと思っているだろう。死んだら何にもなくなるんじゃないかって。でも、何にもなくなるということは「ない」はずだ。なぜって、「ない」ということは、「ない」からだ。じゃあ、なぜ、「ない」ものが怖いんだろう。ないものを怖がって生きるなんて、何か変だと思わないか。

『14歳からの哲学』

当たり前の不思議

この世には「科学では解明できない」不思議が存在する、目には見えない世界がある、そのことが不思議だと言うのなら、自分というものが目に見えたことがあるでしょうか。自分がそれであるところの精神そのものは、決して目には見えないけれども明らかに存在している。本当に不思議なのは、まさにこの「自分が存在する」という、このことの方なのです。今ここに存在するこの「自分」というもの、これはいったい何なのか。この当たり前の不思議に驚かないから、当たり前でないもの、幽霊だの前世だのに驚くことになるのです。

『暮らしの哲学』

見たいものしか見えない

人は誰も自分の見たいものしか見ることができない。科学を好む者は科学により、オカルトを好む者はオカルトにより。その意味で誰も自分の「偏見」により世界を見ている。そのことを自覚するなら、自分の「偏見」もまた自覚されるはずである。自らの偏見を注意深く除去しつつ、したがっていかなる考えをも排除せず、慎重に思索を進めてゆくのは、ただただ「真実」を知りたいためだ。そうでなければ、何のための「知る」という行為であるか。

『人生は愉快だ』

疑うことと信じること

疑うことのできる者だけが、信じることができる、もしくはその逆。われわれの常識とは賢いもので、疑うために疑い、信じるために信じるという精神の動き方を認めない。神の存在など信じない、そう息巻く者とて、大地の存在や明日の世界の存続を疑っているわけではない。もしそうなら、彼は一日とて生活できるはずがない。

疑いの果てに信じたデカルトが、世間に帰還して見たものは、彼のすなわちわれわれの常識が、いかに物事をあるようにあらしめているかということではなかったろうか。

『新・考えるヒント』

誰でもない我々

普通には、人は、「その人」というのを、その人の出自のことだと思っている。人は、その人が誰でもないということが、不気味である。裏返し、自分が誰でもないということが、恐ろしい。だから、自分が誰かであることを、その出自や記憶に懸命に求めるように、誰だかわからないその人の出自や記憶を、執拗に求めるのである。そうして出来あがっているのが、すなわち社会である。社会とは、本来は誰でもないところの我々が、誰かであるかのようにして暮らしている場所である。

ふと思う。どうだろう、人類規模の記憶喪失。我々はどんなに自由であるか。自由を他人に求めることで、我々は誤るのである。人は言う、「自分の自由」。そうではない。本当の自由とは、「自分からの」自由である。自分が誰かであることを、何かに求めるのをやめることだ。

『勝っても負けても』

心は人間を超えている

我々は我々の考え、すなわち「心」の外に出ることはできない。
通常の我々は、我々の中に心というものがあり、それがイメージを生んでいるのだと思っている。しかし、イメージを支点とし、イメージの側から事象を見るなら、イメージこそ現実であり、心の中に我々が存在しているという存在のからくりに、気づいて驚くはずである。心の方こそが、我々の現実すなわち「我々」を生み出している、あの世も死者も、したがってこの世も生者も、世界としての心が生み出している現実なのだと気づくなら、今や「我々」とは、どのような発語であり得るだろうか。「心」は「人間」を超えているのだ。

『人生は愉快だ』

死の豊かさ

すべての人は、自身の死を意識した瞬間に、等しく哲学の可能性に開かれているのだ。「死というこの現象の豊かで錯綜した構造」（ハイデガー）と言う。「死の豊かさ」とは、これを思索する者の実感である。自身の死、その不可能性。翻って、いま在るとはどういうことか、広げて、存在するとはどういうことか、立ち止まり、世界は存在している、究極の問い、何が存在しているのか——！

問いを問いつつ、巻き込むことで巻き込まれ、一点、「死」に気づくことから立ち上がる思索は、死を越え生を包み、生死の区別の向こう、「人間」すら越えて広がるのである。広がりつつ、しかしここにいるのである。謎を思索することで、思索自体が謎と化す。今さら「私」とは誰であり得るのか。

『人生は愉快だ』

出会えたことの奇跡

親子、夫婦、友人同士、生まれてくるものは必ず死ぬのだから、出会ったものは必ず別れます。生まれるということは、すなわち死ぬということであり、出会うということは、すなわち別れるということです。

どうして存在するかわからない宇宙が、どうしてか存在し、そこで我々が生まれたり死んだりしているということは、とんでもないこと、正当に奇跡的なことなのです。人と人とが出会うということは、本当に奇跡的なことなのです。

存在が存在し、すべては御縁でつながっているのだから、別れることを恐れるより、出会えたことの僥倖を味わいたいと、私は（誰は？）思うものです。

『暮らしの哲学』

自由の条件

正しく考えよう

君は、本当のことを、本当のことだけを知りたいとは思わないか。毎日の悩み、学校や家族や友人関係、これから上の学校へ行ったり就職したり、大人になって、世の中へ出て、その世の中でも戦争や犯罪や経済的混乱や、のべつまくなしいろいろ起こっているけれども、もしも本当のことを知っていたなら、そんな中でも、とても力強く生きてゆけるはずだって、予感がしないか。

本当のことを知るためには、正しく考えることが必要だ。「正しい」ということは、自分ひとりに正しいことではなくて、誰にとっても正しいことだと、わかってきたね。本当のことを知っているということは、それ自体が自由なことなんだ。

『14歳からの哲学』

思い込みからの解放

人間はあらゆる思い込みによって生きている。その思い込み、つまり価値観は人によって違う。その相対的な価値観を絶対だと思い込むことによって人は生きる指針とするのだけれども、まさにそのことによって人は不自由になる。外側の価値観に自分の判断をゆだねてしまうからだ。この意味では、イスラム過激派も自由民主主義も、同じことだ。自分で考えることをしない人の不自由は、まったく同じなんだ。

精神は、考えることで、自分の思い込みから自分を解き放つ。死が存在するということも、アラーが絶対だということも、社会によって自由が保障されるということも、すべてが不自由な思い込みだ。これが思い込みだということには、考えなければ気がつかない。自由になるためには、人は、自分で考えなければならないんだ。

『14歳からの哲学』

男女は平等である

男も女も、生きている者は必ず死ぬ。完全に平等である。本当に大事なことにおいては、男女の平等は最初から実現しているのである。人間の問題はすべて男女問題に還元されると思うのは、その人がそう思っているだけである。自分の関心が、男女問題にしかないからである。

そうは言っても、自分を性別と思い込むのは、やっぱりどうにも不自由だなあ。自分を日本人と思い込むことの不自由と同じである。「哲学的には」、属性と本質というのが明らかに存在する。人間の本質は自由である。不自由になるのは、自らを属性と思い込む以外に理由はない。これは理屈じゃなくて、ヒョイと気がつくだけのことなんですがね。

『人間自身　考えることに終わりなく』

言論の自由

言論の自由とは、そもそも何だろうか。言論とは、読んで字の如く、言葉によって論じることである。言葉は、自分の自由になるものではなくて、自分を超えたところにあるものである。言葉は、正しく使われることで、人を自由にするのであって、決してその逆ではない。

自由を他者に要求するとは、それ自体で矛盾である。自由とは、定義により、自分自身により自由であることだからである。ゆえに、自身の自由を国家に保障されなければならない民主主義とその制度は、最初から矛盾を胎《はら》んでいるということだ。ならば人は、どのようにして自身の自由を獲得するべきなのか。だからそれが、正しい言葉を使うことなのである。言葉をその節目に沿って正しく使用し、論じ、虚偽であることの不自由を見抜くことなのだ。

『41歳からの哲学』

名を名のれ

ネット社会で使用されるハンドルネームというのは、明らかに匿名の意図である。彼らが匿名性に隠れるのは、自分を守るためだけではない。他人を攻撃するためでもある。自分は守りつつ他人は攻撃したいという、この小心にして卑怯な心性がネットの悪意である。

本当に知られたいこと、知らしめたいことならば、実名で書けばいい。実名で書くと攻撃が恐いという。それならそんなことはやめればいい。そういうどっちでもいいようなことしか書いてないから、守る側も攻撃の側も、匿名でしか書けないのだ。「情報」というのは、しょせんそんなものだ。その人間が独自である必要などない。もし自らの独自性を信じているなら、実名で書けるはずだ。もしそれが可能なら、この愚劣なネット社会も、少しは成熟の方向へ向かうはずである。

『人間自身　考えることに終わりなく』

信じれば救われるか

　以前から私は思っているのだが、「信教の自由」というあの言い方は、それ自体でおかしい。「信じる」というのは、自在に考える自由を放棄して、ひとつの考えに縛られることでしかないのだから、あれは正確には「信教の不自由」と言うべきである。なのに、彼らは自由でありたいと欲して、それを信じているということである。それを信じることで、より自由に、幸福に、なれると思うらしいのである。信じることで、「救われる」と。

「救われる」というのは、どういうことなのだろうか。どのような状態を指して「救われる」というのだろうか。それが不明なのに、何を信じればよいのだろうかと、私なら「考える」。

『考える日々　全編』

人類の集団的勘違い

自由を巡る勘違い《パラドクス》
数がまとまりゃハタ迷惑

そう、人類の宗教史における最大の勘違いは、「解脱」とか「自由」とかは、徹頭徹尾、自分ひとりきりの課題であるはずなのに、大勢で集まって一緒にそれを何とかしようとする、何とかできると思っている、ということで、どだいそれは筋違いなのだ。内的自由を希求するために、なぜ集団にまとまる必要があるのか。集団にならなければ達成されないような自由など、どれほどの自由であるというのか。

『睥睨するヘーゲル』

何を知るべきか

もしも日本に戦争が起こったとしたら、君が知るべきことは、どちらが正しいか、ということではなく、その中で自分はいかに正しく生きるのかということではないだろうか。つまり、「正しい」とは、そもそもどういうことなのか。それ以外に人間が人生で知るべきことなどあるだろうか。

情報はしょせん情報だ。情報には本当もウソもある。事実か事実でないかということもある。本当のこと、真実というのは、外から与えられて知るものではなく、自ら考えて知るものだからだ。自ら考えて知るより、知りようがないものだからだ。

『14歳からの哲学』

自由と規律

人間は自由にすると悪いことをする、だから規則で規制しなければならない。管理する側はそう思う。しかし、規則で規制したところで、悪いことをする人間は、悪いことをする。逆に、善悪とは規則のことだと思うから、自分で善悪を判断しなくなる、できなくなる。状況に応じて自分で善悪の判断のできない人間たちの社会が、善い社会になるわけがない。社会的な規則には、私の自由、状況に応じて善悪を判断する自由を規制する力はないからだ。

ソクラテスの言う通り、悪法も法である。悪法も法だから守らなければならないというのではない。この世の法なんてものに善悪はないという、あれは強烈な皮肉《アイロニー》なのだ。

『知ることより考えること』

内なる善悪を問う

倫理意識とは、道徳や法律のことではない。倫理は、外在的なものではないのである。外在的、すなわち、取って付けられるような道徳や法律だから、人はそれを失くしもするのだ。法律はそれを「いけない」と、とりあえず決めているだけで、法律は倫理的善悪に言及しているわけではないのである。

倫理すなわち善悪の問題は、本当に難しい。難しいのは、それが難しいゆえに何らか外在的なものに委ねてしまいたい、その誘惑に抗するのが難しいのである。道徳、法律、または宗教、そんなものに善悪の判断を委ねてしまえればラクである。しかし判断の放棄とは、自由の放棄である。人生の自由を失いたくないのなら、人は、自ら内なる善悪を問い続けるしかないのである。

『人間自身　考えることに終わりなく』

人を殺してはいけない理由

なぜ我々は、「なぜ人を殺してはいけないのか」と問うのか。「なぜ人を殺してはいけないのか」と問う我々は、その限り、人を殺してはいけないと、問う以前から知っている。知っているからこそ、その理由を問うのである。問うこと自体が、その理由なのである。「なぜ人を殺してはいけないのか」と問うそのことが、人を殺してはいけないまさにその理由なのである。

我々の思考に見出されるこの端的な事実、これを私は「倫理的直観」と呼んでみたい。

『残酷人生論』

宿命と幸福

およそ人の不幸とは、自身以外のところに自身を見出そうとするところにあるのだから、自身を自身と認めることが、それ自体幸福であることのはずだ。

「宿命」を、あらかじめ定められた不自由、自由に対立する必然と思うなら、それは間違っている。必然は自由の対立項ではない。必然を必然と認識するから、それに沿うことで人は自由なのだ。必然を必然と認識しないから、それを拒むことで人は不自由なのだ。人が、自身の宿命を認識し、それに沿い、その実現のために為される努力、これが幸福だ。

『残酷人生論』

人生の意味

生きることの痛み

生存することには痛みが伴う。「自分の」痛みではない。自分が生存するために他の生物に痛みを与える、その痛みを痛いと自分が感じるのである。

他の動植物を殺して食べてまで自分が生きること。では、「何のために」生きているのか。そんな残虐なことをしてまで、生きる理由が自分にあるか。生きるほどの自分であるか。

私は、生きるほどの自分であろうとしている。

『考える日々 全編』

なぜ生きているのか

人が絶望した時の一般的表現として、「なぜ生きているのかわからない」「生きている理由がない」という言い方をする。しかし、なぜ、生きていることに理由が要るのだろうか。昔、有名な登山家が「なぜ山に登るのか」と、その理由を問われ、「そこに山があるからだ」と答えた。至言である。あれと全く同じことである。

「なぜ生きているのか」という問いには、「生まれたからだ」という答えが、最も正確なのである。「なぜ生きているのか」の「なぜ」に対して、何らかの「理由」、すなわち生きているというそのこと以外の何事かがあり得ると思うから、希望をもったり絶望したりということにもなるのだが、生きているということそのことには、そもそもいかなる「理由」もない。山がそこに在るのと同じである。たんに、在るのである。

『考える日々　全編』

「たまたま」のこの人生

なぜ自分はここに生まれて、あそこに生まれなかったということは、考えても、理由がない。理由が見つからない。ということは偶然である。したがって絶対である。この、偶然的なことが絶対的であるという原点に気がついていると、自分の人生に、言ってみると腹が据《す》わるんですね。人と比較するということがなくなるんですよ、だって絶対なんだから。自分の人生はこうであり、これ以外ではあり得なかった。こうわかっているなら、あとは黙って生きるだけだ。

『暮らしの哲学』

善く生きるとは

「食べなければ生きていけないではないか」と人は言います。もちろんそうです。だけど、生きていることそれ自体が、生きるためだけに生きている人にとって、なぜ価値であり得るのか。生きることが価値であることができるのは、それを善く生きている人に限られるはずですね。

ここで「善く生きる」というのは、決して道徳的な意味合いではないですね。逆にその道徳性も含めた社会的な作りごと、虚構性を見抜いて、それを虚構だと自覚して、より賢く、自覚的に生きることを言うのです。

『人生のほんとう』

腹の括り方

「生きる」ということが、いい大学に入って、いい仕事に就いていてということなら、哲学が力になるわけがない。どころか、そんなもの障害でしかないのは火を見るより明らかである。いい大学、いい就職と、皆が躍起になっているところで、「何やってんの」と問うことが、障害でないわけがない。だけど、見ててごらん、遅かれ早かれ皆は事柄の意味に気がつく、気がついて初めて問う、「何やってんだろう」。

人生と存在の意味と無意味は、若いうちにうんと考えておいたほうがいい。「生きる力」というのは、言葉を換えれば、「腹の括り方」みたいなもんだからである。いい大学、いい就職、それがどうした。「僕は善く生きるということを知っている」

『考える日々　全編』

生きていれば悪いこともある

生きていれば良いこともある
という俗信
裏返し、生きていれば悪いこともある

幸福と生死とは無関係である
ということを知ることが幸福なのである

『リマーク　1997－2007』

子供がほしい

「子供がほしい」ということは、ほとんど必ず「自分の子供がほしい」ということである。「自分の」子供でなくてはダメなのである。これは本当に「自然な」ことなのだろうか。自分の子供がほしいということは、血縁関係がほしいということである。血縁が人間にとっての価値なのである。しかし、何らか「自分の」痕跡を残すことを欲するということは、自己への執着なのではなかろうか。

親子という自然に執着する人間の不自然、子供はすべて共同体が管理せよとしたプラトンは、その意味で合理的である。「氏より育ち」、意外にもそこには人間性への深い信頼がある。それは絶望の深さとたぶん同じである。

『人間自身　考えることに終わりなく』

悪い心で生きられるか

人が生きてゆくのは、よい人生を生きるためだ。自分にとってのよい人生、幸福な人生を生きることが、すべての人の人生の目的だ。悪い人生、不幸な人生を生きたいと願う人はいない。それなら、人は、悪い心でよい人生を生きることはできるだろうか。人をだましたり、人を蹴落としたりしながら生きてゆく人が、よい人生、幸福な人生を生きていると君は思うかい？

悪い心になった時、人はよい人生を生きることができなくなるのだから、生きる目的だって、本当はなくなっているんだ。悪い心になってまで生きなければならない理由なんか、本当はないんだ。

『14歳の君へ』

言葉の力

明日、私は、確実に死ぬ。こうわかった時、あなたは、どうしますか。まずはとにかく八方手を尽くして、何とか生き延びる手立てを探すでしょう。しかし、それは不可能だと、いかなる手立てももはやないとわかったら、どうしますか。

あなたは、必ず、「言葉」を求めるはずです。生死すなわち人生の真実を語る言葉、正しい考えを語る正しい言葉を、必ず求めるはずなのです。苦難や危機に際して人が本当に必要とするものは、必ず言葉であって、金や物ではあり得ない。明日死ぬのか、気の毒だから、一億円あげよう。これでその人は救われますかね。

我々の日常とは、明日死ぬ今日の生、その連続以外の何ものでもない。なのにどうして人は、言葉を求めずにお金を求めるのか。

『暮らしの哲学』

苦しみも奇跡だ

生きる苦しみや死ぬ怖れに出合って、人はそのことの意味や理由を求める。そうしなければ、その苦しみを納得できないと思うからだ。でも、いいかい、納得できないということなら、宇宙が存在する、なぜ存在するのかわからない宇宙がなぜか存在するということ以上に、納得できないことなんかあるだろうか。存在するということには意味も理由もない、だからこそ、それは奇跡なんだ。

自分が、存在する。これは奇跡だ。人生が、存在する。これも奇跡だ。人生が存在するということ自体が奇跡なんだから、そこで味わう苦しみだって、奇跡だ。そんなふうな、あること自体の驚きの感情を失うのでなければ、苦しみの意味や理由を求めて悩むことは少なくなるだろうし、人生が空しいだなんて思うこともなくなるだろう。

『14歳からの哲学』

失敗の意味を知る

年齢とともに、われわれは当然、人生経験が増えるはずです。いろんなことがあります。まあたいていは失敗の方が多い。その意味では人生とは、それ自体が失敗だと言ってもいいかと思いますが、そのいろんな失敗をするから、「ああそうだったのか」「それはそういうことだったのか」とそのことの意味がわかる、意味を知ります。まさしくそれが人生経験、すなわち生きるということではないでしょうか。経験する、意味がわかるということが、つまり、生きるというそのことなのです。

だから、年をとることの面白さとは、まさにその経験の厚みが増すことでしょう。それがより深く腑に落ちるようになるということ、その実感、これはある種の普遍性を捉える感覚なんですね。

『人生のほんとう』

人生の句読点

人生の一回性、喜びも悲しみも、一回きりの経験である。そういう経験の総体としての人生というものそれ自体が、一回きりのものである。一回きりで過ぎてゆき、二度と戻らないものであることを人はわかっている。深いところで誰もが了解しているのである。だからこそ人は、過ぎてゆかないものを求める。過ぎてゆくものにおける過ぎてゆかないもの、過ぎてゆくけれども巡るもの、を求めて、見出し、嬉しいのである。「今年も花が咲きましたね」と、言えることの幸せ。

ゆえに、季節とは、過ぎゆく人生の句読点のようなものだろう。一回性における永遠性、永遠の循環性を見出す時、人は、自分が自分の人生を生きていることの奇跡をも知るはずである。

『知ることより考えること』

死に方上手

究極の死に方上手

生まれた限りは死ぬまでは生きているもので、どうしてそうなのかわからないのでもあれば、生きても死んでも大差ないではないか。基本的にそう思っているので、生きるため生き残るためにどうこうするという発想が、どうしても出てこない。

人は、自殺以外は自らの死に方は選べない。それなら、こんなふうに死にたい、あんなふうに死にたくない、そんなふうに死に方に心を煩わせるのは、生きている時間の無駄遣いということになる。究極の死に方上手というのは、死に方なんぞ知ったことかという死に方であるに違いない。

『41歳からの哲学』

死は向こうから来る

自分とは何かを徹底的に考えたことのない人が、「死に方」という他愛のないことを言うのだと思います。徹底的に考えたら、死に方などというものは問題なくなる。「死」だけが問題になるのです。

なぜなら、「死」は生きている人には絶対に経験できない。絶対に経験できないことについて願望をもつことはできない。

人はよく「死に方」と「死」を一緒にしてしまっている。死に方とは、ギリギリのところまで生の側にあります。どんな死に方をしても、死ぬまでは生きているわけですから。「死に方」は選べても、「死」は選べない。死は向こうから来るものです。

『人生は愉快だ』

死は存在するか

　何が死なのか、じつは理解できていないということは、「死の判定基準」を巡るあの混乱でも明らかである。判定しようとしているところの死とは、すなわち、無である。無は、どこに存在するのだろうか。死は存在するのだろうか。
　死体と死とは同じものではない。我々の盲点はここにある。死体は目に見えるが、死は目には見えないのである。目には見えないものを扱えない科学には、目には見えない死、そして目には見えない精神という存在を扱うことは、じつはできないのだ。

『死とは何か』

年をとる醍醐味

死は人生のどこにもない。そう認識すれば、現在しかない、すべてが現在だということに気がつくはずです。

人は死があると思って生きているから、生まれてから死に向かって時間は流れていると思っています。社会もその前提で動いています。死がないとわかった時、時間は流れなくなるのです。そうすると、現在しかなくなってしまう。そうなれば、過去もこの現在にあるということに気がつく。それが、年齢を重ねることの面白さでもあるのです。現在という瞬間に時間が層をなしている。年をとると、その層がだんだん厚みを増していきますから、反芻することが非常に面白くなっていきます。現在を味わうこと、現在において過去を味わうことが年をとることの醍醐味になる。

『人生は愉快だ』

死んでも続く楽しみ

洋の東西、老若男女を問わず、考える人は、人生について考えている。つまり、生きて死ぬとは、どういうことか。存在して無ではないとは、これ如何に。

考えることは喜びである。私もまた四十をすぎて、考えごとがいよいよ美味《おい》しく感じられるようになった。つまり、いろんなことがえも言われず面白くなってきた。生きながら生死の謎を考えるということは、ある意味では、すでに生死を超えることである。そんなふうにして生きるということは、人生を本当に味わい深くする。ましてや、この楽しみには、それこそお終《しま》いということがない。生涯現役、死んでも続くのである。

『41歳からの哲学』

人生は終わらない

人生は今回限りではない
人生はこれで終わりではない
この認識の厳しさこそが、善く苦しむための力なのだ。なぜなら、魂の完成形としての「神」もしくは「善」が明らかに見えている限り、人生が今回限りであるにせよ、それは徒労で終わったことにはならないからである。今回は今回で、立派に完結するからである。
どうせ死んでしまうのに
この半端な腹のくくり方が、いかに魂を堕落させることか。

『残酷人生論』

哲学は死の学び

ソクラテスは哲学を始める年齢を五十歳とはっきり決めていると、小林（秀雄）は書いている。その意味では、それはそうに違いない。思索の味わいとは人生の味わいに他ならないのだから、その醍醐味は人生が時熟する後半生にこそあると言えるだろう。若年のそれは、言わばそのための序曲というか、足ならしのようなものというわけだ。事態はむしろ、人生を思索するというよりも、人生それ自体がひとつの思索と化すという方が、近いように思われる。

哲学というものの考え方は、死を懐胎することによって起動する。ソクラテスの「哲学は死の学びである」とはこの意味である。

『新・考えるヒント』

覚めて見る夢

「人生は夢である」というのはレトリックではなくて、存在論的な事実なんですね。何だかんだ地上の人生をやっている自分を見ている、それは一種の物語で、物語は続いていくわけです。それを自覚して、すなわち覚めて夢を見ているか、あるいは夢を現実だと思って生きていくかの違いでしょう。

それに気がつかないで生きている人というのは、すでに死んでいるに似たようなものでしょう。つまり、生き死に、生死の構造に自覚的でないのは、気がついてしまうと、実は生きていないことなのです。目覚めながら夢を見るか、眠ったまままた眠りの中に入っていくか、その違いです。そういう目覚めた目を持つと、自分の人生も、数千年の人類の歴史も、芝居というか、一種の宇宙的な冗談のように見えてきますね。

『人生のほんとう』

この本は、文筆家・池田晶子（1960〜2007）の著作のなかから九つのテーマを抽出し、各テーマにふさわしい文章を抜粋して編纂したものです。抜粋にあたっては、原作品の尊重を旨として、可能な限り底本の表記に準拠しておりますが、収載の都合から一部を省略して転載しています。

姉妹篇の『幸福に死ぬための哲学』（講談社・2015）とともに、この本が、あらためて池田晶子の作品世界に触れていただける機会となれば幸いです。

編者

出所一覧　＊本書への転載は、２０１７年５月現在出版されている書籍を底本とし、書名・頁・作品名は以下のとおりです。

不安の正体

時代が悪いと言うのなら　『睥睨するヘーゲル』１６５-１６６頁「虚無・価値・理想」
思い込みを見抜く　『人間自身　考えることに終わりなく』５０-５１頁「お父さんの教育」
先が見えないのは当たり前　『41歳からの哲学』４３-４４頁「昔はよかった?――景気」
人生は暇つぶし　『知ることより考えること』４２頁「人生は暇つぶし」
便利は不便　『知ることより考えること』１４５-１４６頁「便利は不便」
情報化社会の空虚な孤独　『考える日々　全編』３５１-３５２頁「情報化社会の空虚な孤独」
私の人生を占って　『勝っても負けても』１４５-１４６頁「私の人生を占って」
わからないという経験　『勝っても負けても』３５頁「言葉の効用」
「救い」とは何なのか　『残酷人生論』１５１-１５２頁「『救い』とは何なのか」
悩むことを楽しむ　『人生は愉快だ』１２-１３頁「プロローグ―考える人生」
幸福のパラドクス　『あたりまえなことばかり』１３０-１３１頁「幸福はどこにあるのか」
現在という絶対原点　『考える日々　全編』１０９-１１０頁「現在という絶対原点」

人間の品格

人を信頼できないのは　『考える日々　全編』６６頁「なぜ汚職は起こり、世の人は怒るのか」
勝っても負ける生き方　『私とは何か　さて死んだのは誰なのか』１４８-１４９頁「『格差社会』なんて」
大変な格差社会　『知ることより考えること』１２４頁「大変な格差社会」
生きるために食べている　『考える日々　全編』３９８頁「生きるために食べている」
個人の意見は必要ない　『知ることより考えること』９７-９８頁「戦争体験を語り継ぐ」
大統領は正義の人だ　『勝っても負けても』７０-７２頁「大統領は正義の人だ」
本当と嘘　『勝っても負けても』７３-７４頁「政治家の言葉を考える」
奴隷か自由か　『考える日々　全編』４２-４３頁「大蔵官僚はまぎれもない奴隷だ」
名を惜しむ　『知ることより考えること』３１頁「有名になりたくて」
無駄な人になりたいか　『人生は愉快だ』２１８-２１９頁「池田晶子の人生相談」

社会と現実

人生にとって大事なもの　『人間自身　考えることに終わりなく』81頁「人生の大事はカネでないことを教えよ」
損か得かの問題なのか　『41歳からの哲学』98-100頁「損か得かの問題なのか——少子化」
生きた者勝ちの社会　『人間自身　考えることに終わりなく』100頁「いじめの憂鬱」
何かのために死ぬのか　『41歳からの哲学』27-28頁「何かのために死ぬのか——自衛隊」
自己責任という無責任　『41歳からの哲学』34頁「わかったようでわからない言葉——自己責任」
絶叫首相とその時代　『知ることより考えること』107頁「絶叫首相とその時代」
憲法はポエジーである　『勝っても負けても』80-81頁「憲法は象徴である」
ないものは愛せない　『知ることより考えること』125-127頁「ないものは愛せない」
己の精神を革命せよ　『考える日々　全編』158頁「考えればわかることなのだが」
理想と現実　『14歳からの哲学』97頁「理想と現実」

他人と自分

好かれていたい　『人間自身　考えることに終わりなく』140-141頁「好かれていたい」
自分を不自由にしているのは　『14歳の君へ』86頁「社会」
他人の欠点を責める前に　『私とは何か　さて死んだのは誰なのか』72-73頁「『年金問題』を笑えるか?」
悪いものは悪い　『知ることより考えること』70-71頁「悪いものは悪い」
個性の逆説　『知ることより考えること』48頁「探すのをやめよ」
プライドと嫉妬　『14歳からの哲学』120頁「品格と名誉」
正義と嫉妬の倫理学　『無敵のソクラテス』440-441頁「正義と嫉妬の倫理学」
不用な感情　『魂とは何か　さて死んだのは誰なのか』231-232頁「センチメント」
孤独の妙味　『死とは何か　さて死んだのは誰なのか』39-40頁「孤独の妙味」
目を見て話せ　『勝っても負けても』14-16頁「言葉の力を侮るなかれ」

肉体と精神

何のための健康か　『勝っても負けても』164頁「たばこ規制に考える」
病気というチャンス　『考える日々　全編』152-153頁「病にあって向き合えるもの」
患者の心得　『知ることより考えること』136-137頁「患者の心得」
逆転の人生を生きる　『新・考えるヒント』98頁「還暦」

アンチエイジングでサルになる　『41歳からの哲学』１１４頁「アンチエイジでサルになる――老い」
悲しき肉体　『勝っても負けても』２５頁「誕生日雑感」
精神と肉体の不思議　『残酷人生論』１８１頁「精神と肉体という不思議」
最後の自然　『14歳の君へ』１２０‐１２１頁「自然」

存在の謎

自分は、どこにもない　『14歳からの哲学』６４‐６５頁「他人とは何か」
自分の命は誰のものか　『41歳からの哲学』１３６‐１３７頁「さて大人はどう答えるか――善悪」
なぜ「ない」ものが怖いのか　『14歳からの哲学』５０頁「死をどう考えるか」
当たり前の不思議　『暮らしの哲学』１９６‐１９７頁「精神世界ブームなんて」
見たいものしか見えない　『人生は愉快だ』１２８頁「ユング」
疑うことと信じること　『新・考えるヒント』１４頁「常識」
誰でもない我々　『勝っても負けても』４１‐４３頁「憧れのピアノマン」
心は人間を超えている　『人生は愉快だ』１２８‐１３１頁「ユング」
死の豊かさ　『人生は愉快だ』１３５‐１３６頁「ハイデガー」
出会えたことの奇跡　『暮らしの哲学』１１５‐１１６頁「『彼』と出会えた奇跡」

自由の条件

正しく考えよう　『14歳からの哲学』１８‐１９頁「考える［３］」
思い込みからの解放　『14歳からの哲学』１７０‐１７１頁「自由」
男女は平等である　『人間自身　考えることに終わりなく』４１‐４３頁「男女は平等である」
言論の自由　『41歳からの哲学』７２‐７４頁「最初から自由である――言論」
名を名のれ　『人間自身　考えることに終わりなく』１１５‐１１７頁「名を名のれ」
信じれば救われるか　『考える日々　全編』２９５頁「信じること　考えること」
人類の集団的勘違い　『睥睨するヘーゲル』３６‐３７頁「信仰と反抗」
何を知るべきか　『14歳からの哲学』１３２頁「メディアと書物」
自由と規律　『知ることより考えること』７６‐７７頁「自由と規律」
内なる善悪を問う　『人間自身　考えることに終わりなく』１３５‐１３７頁「善悪雑感」

人を殺してはいけない理由	『残酷人生論』114頁「なぜ人を殺してはいけないか」
宿命と幸福	『残酷人生論』225-226頁「宿命は魂にある」

人生の意味

生きることの痛み	『考える日々　全編』131頁「バイオ技術のいけない感じ」
なぜ生きているのか	『考える日々　全編』223-224頁「生きることに『理由』があるか」
「たまたま」のこの人生	『暮らしの哲学』16頁「『たまたま』のこの人生」
善く生きるとは	『人生のほんとう』48-49頁「社会」
腹の括り方	『考える日々　全編』271頁「人の世を生きる修行」
生きていれば悪いこともある	『リマーク　1997-2007』50頁「11 MAR. 1998」
子供がほしい	『人間自身　考えることに終わりなく』57-59頁「子供がほしい」
悪い心で生きられるか	『14歳の君へ』6頁「はじめに　14歳の君へ」
言葉の力	『暮らしの哲学』55-56頁「言葉の力」
苦しみも奇跡だ	『14歳からの哲学』182-183頁「人生の意味〔1〕」
失敗の意味を知る	『人生のほんとう』75頁「年齢」
人生の句読点	『知ることより考えること』161頁「寒い！」

死に方上手

究極の死に方上手	『41歳からの哲学』20-21頁「死に方上手とは――テロ」
死は向こうから来る	『人生は愉快だ』277-278頁「エピローグ――無から始まる思索」
死は存在するか	『死とは何か　さて死んだのは誰なのか』12頁「『聖なるもの』の行方」
年をとる醍醐味	『人生は愉快だ』279頁「エピローグ――無から始まる思索」
死んでも続く楽しみ	『41歳からの哲学』96-97頁「百歳まで生きるとしたら――死」
人生は終わらない	『残酷人生論』230頁「人生は終わらない」
哲学は死の学び	『新・考えるヒント』94-95頁「還暦」
覚めて見る夢	『人生のほんとう』36頁「常識」

池田晶子《いけだあきこ》

一九六〇年八月二一日、東京生まれ。慶應義塾大学文学部哲学科を卒業。文筆家と自称する。池田某とも。専門用語による学問としての哲学ではなく、日常の言葉で平易に哲学を語る「哲学エッセイ」を確立して、幅広い読者から支持される。とくに若い人々に、本質を考えることの面白さ、形而上の切実さを、存在の謎としての生死の大切を語り続けた。『14歳からの哲学』などの著述で話題を呼ぶ。著作多数。二〇〇七年二月二三日、大風の止まない夜、癌により没す。その業績と意思を記念し、精神のリレーに捧げる「わたくし、つまりNobody賞」が創設された。本書は、同賞の運営団体であり、著作権の承継者である特定非営利活動法人わたくし、つまりNobodyの編纂による。

池田晶子公式ページ http://www.nobody.or.jp/

絶望《ぜつぼう》を生《い》きる哲学《てつがく》——池田晶子《いけだあきこ》の言葉《ことば》

二〇一七年五月二五日　第一刷発行
二〇二四年四月二三日　第九刷発行

著者　池田晶子《いけだあきこ》
編者　NPO《エヌピーオー》法人《ほうじん》わたくし、つまりNobody《ノーボディ》

発行者　森田　浩章
発行所　株式会社講談社
東京都文京区音羽二-一二-二一　郵便番号一一二-八〇〇一
電話　出版　〇三-五三九五-三五〇四
販売　〇三-五三九五-五八一七
業務　〇三-五三九五-三六一五

印刷所　TOPPAN株式会社
製本所　大口製本印刷株式会社

定価はカバーに表示してあります。　ISBN978-4-06-220587-0

KODANSHA